CONSIDÉRATIONS

SUR LE

GOUVERNEMENT

REPRÉSENTATIF.

CONSIDÉRATIONS

SUR LE

GOUVERNEMENT REPRÉSENTATIF

ET SUR LES ÉLECTIONS;

PAR M. TRONCHON,

DÉPUTÉ DU DÉPARTEMENT DE L'OISE.

Vitam impendere vero.

PARIS,

DELAUNAY, LIBRAIRE, AU PALAIS-ROYAL,

GALERIE DE BOIS, N°. 243.

1822.

CONSIDÉRATIONS

SUR LE

GOUVERNEMENT

REPRÉSENTATIF.

CHAPITRE PREMIER.

Considérations générales.

S'IL a pu être utile de rechercher quelle fut l'origine des sociétés humaines, et comment se firent les premiers pas vers la civilisation, on doit reconnaître qu'au point où nous sommes parvenus, les gouvernemens présentent aux yeux des observateurs une question non moins importante et beaucoup plus précise.

Il ne s'agit plus de pénétrer jusqu'au berceau de l'ordre social, pour tâcher d'y découvrir, ou ce qui a pu, ou ce qui a dû se passer alors.

Aujourd'hui les sociétés sont formées :

elles existent modifiées de diverses manières, se rapprochant plus ou moins les unes des autres, mais toutes bien éloignées d'un état de choses qui commencerait.

L'époque actuelle est remarquable par une disposition à peu près universelle des peuples, qui, quoique se trouvant à des degrés bien différens de civilisation, paraissent tous éprouver le besoin d'un perfectionnement dans le mode suivant lequel l'ordre social se trouve constitué chez chacun d'eux. C'est, pour ainsi dire, un travail général de l'espèce humaine, puisqu'il agite simultanément les masses nationales des sociétés établies en Europe et dans le Nouveau-Monde.

Le nom de gouvernement représentatif a retenti ; un mouvement général a porté les hommes vers cette forme de gouvernement : si elle n'a encore été, jusqu'ici, établie que pour un certain nombre de peuples, il n'est pas moins vrai de dire qu'elle est désirée, et vivement désirée par tous.

A la vérité, des obstacles se sont présentés, des obstacles se présentent encore, plus ou moins difficiles à vaincre, selon que les opposans se trouvent plus ou moins nombreux, plus ou moins puissans. Mais qu'en résulte-t-il ? il faut le dire (le passé l'a prouvé, l'avenir le prouvera encore) : tout ce qui en résulte, c'est que les crises du passage d'un état de choses à l'autre sont (précisément à cause de ces résistances) beaucoup plus pénibles, beaucoup plus douloureuses : et qu'elles seront beaucoup plus longues : les obstacles n'arrêteront point la marche de la pensée générale. Son explosion comprimée sur un point se reproduit sur un autre ; comprimée pour un temps, elles se reproduira dans un autre temps.

Une cause qui partout agit également, a amené cet effet général. C'est cette cause qu'il faudrait connaître et interroger. Vainement on chercherait à se rendre compte autrement de ce grand mouvement des nations. Pour le faire tourner au profit de l'humanité, il faut l'examiner dans son principe, s'y associer avec franchise, comme avec sagesse, et le suivre dans ses conséquences.

La cause de ce grand mouvement de l'esprit des peuples n'est point une cause cachée; au contraire elle frappe depuis longtemps ceux qui ne veulent point rester aveugles. Elle existe dans les progrès incontestables de la civilisation, et dans l'état des connaissances où les peuples sont arrivés à l'époque où nous vivons.

L'homme civilisé, devenu plus instruit, a réfléchi sur lui-même. Il a réfléchi sur ce qui l'environne dans la société. Il a reconnu que, si dans ce grand ordre social dont il fait partie, il se trouve avoir une place distincte qui n'est marquée pour lui que par le hasard de la naissance et de la fortune, au fond cependant il n'a ni plus ni moins de droits que les autres individus.

Cette pensée d'égalité, non en fait, mais en droit, a dès lors pénétré toutes les âmes. J'ai dit non en fait, mais en droit, parce qu'aujourd'hui les réflexions ont déjà été assez loin pour qu'il ne se trouve plus aucun, ou presqu'aucun individu qui ne voie que l'égalité en fait est une vraie chimère, une chose absolument impossible ; c'est donc à l'égalité de droits que chacun a senti qu'il fallait borner ses prétentions. Mais celle-ci, tous les individus qui pensent, et surtout ceux qui réfléchissent avec quelque maturité, s'y sont arrêtés ; ils s'y sont attachés d'autant plus, qu'ils ont reconnu que non-seulement cette sorte d'égalité est possible, mais qu'elle est juste.

En effet, remontez à sa source ; vous la trouverez la plus pure qui puisse exister. Dans l'ordre physique, l'égalité des hommes tient à l'essence des choses, à leur nature commune ; dans l'ordre moral, elle est une avec la justice même, c'est-à-dire avec ce qu'il y a de plus précieux pour les hommes en société ; et si vous voulez encore une origine plus respectable, pour cette égalité de droits, je la vois sortir de cet Évangile, qui fera le bonheur de tous les hommes, quand tous les hommes, soumettant leurs passions, voudront l'entendre comme il doit être entendu, le suivre comme il doit être suivi. Oui ! c'est là que l'égalité des droits est reconnue le plus authentiquement, et proclamée le plus solennellement ; c'est là où je vois établie la base de cette forme de gouvernement invoquée par tant de nations sur tant de points différens.

L'idée d'égalité de droits ne tend pas aujourd'hui à la désorganisation des sociétés, comme le publient chaque jour les ennemis de tout ce qui s'appelle gouvernement représentatif ; je l'ai dit, et je ne crains point de le répéter. Les hommes les moins instruits sont assez clairvoyans pour apercevoir qu'il faut nécessairement un ordre qui place les individus dans des rangs différens, et qui leur impose à tous des devoirs à remplir ; ils sentent qu'il y a impossibilité à ce que tous ensemble délibèrent sur les besoins de la société, et sur les moyens de remplir ces besoins.

Mais ils aperçoivent en même temps, que si les délibérations sur ces objets sont livrées entièrement à des hommes qui ne connaissent point les intérêts de la grande masse, ou (ce qui est plus malheureux encore) qui ne les partagent point, ils aperçoivent dis-je, qu'alors leurs besoins ne sont point sentis, leurs désirs point satisfaits, et que les sacrifices exigés d'eux pourront être mal employés, et par conséquent souvent portés beaucoup plus loin qu'ils ne devraient aller. Et de là, ce désir naturel de voir des hommes de leur choix appelés à ces grandes délibérations : de là, cette préférence marquée pour les gouvernemens représentatifs, où le mot seul indique que celui qui délibère sur les intérêts communs est chargé de représenter les parties intéressées, et de stipuler ce qu'elles stipuleraient elles mêmes dans la vue de leur plus grand avantage. Donc il est évident que c'est le but de toute association humaine que l'on cherche à mieux remplir, et que l'impulsion vers ces gouvernemens constitutionnels ne porte pas à désorganiser les sociétés, mais à perfectionner leur organisation.

Voudrait-on que nous rougissions de ce qui honore l'espèce humaine ? l'élan général duquel on veut aujourd'hui lui faire un crime, c'est, chez l'homme, le vif sentiment de la dignité de son être, appelé à une égalité que d'abord, ainsi que nous l'avons dit, la nature force tous les individus à reconnaître dans toutes les époques de la vie, qu'ensuite la saine morale ne désavoue jamais, et qu'enfin l'Évangile a consacrée pour tous les hommes et pour tous les siècles.

C'est encore chez l'homme, la noble pensée de ne subir pour lois, que des conventions sociales arrêtées dans l'intérêt du plus grand nombre, après avoir été discutées et consenties pour chacun des intéressés, soit par lui-même, soit par des individus chargés de le représenter.

Certes, dans un tel ordre de choses, toutes les pensées de l'homme s'élèvent et s'agrandissent; les lois ne sont plus pour lui un joug qu'on lui impose et qui l'humilie; ce sont les articles convenus pour régir l'association, articles qui s'exécutent à son égard, mais qui s'exécutent également à l'égard de tous les autres associés.

Les contributions ne sont plus une charge arbitraire qu'on le force de supporter; c'est sa légitime portion des frais de la société, qui ont été examinés et reconnus nécessaires par lui-même ou par ses mandataires, et qu'il n'acquitte qu'après cet examen fait et ce consentement donné.

Que si l'on ne trouve plus ici la soumission aveugle des esclaves, y a-t-il lieu de la regretter? n'est-elle pas bien avantageusement remplacée par ce sentiment des devoirs qui ennoblit une obéissance éclairée? il ne faut que de la bonne foi, pour reconnaître que sous mille rapports, les bienfaits du gouvernement représentatif substitué au gouvernement absolu, sont inappréciables; et c'est là pourquoi il tarde tant aux amis de l'humanité d'en voir étendre et consolider la jouissance.

Cependant, l'accord entre ceux qui veulent cette forme de gouvernement, et ceux qui ne la veulent pas, ne paraît point encore prêt à se conclure; le vieil homme combat l'homme nouveau; le vieux régime repousse le nouveau système; et même, il faut l'avouer, la lutte est aujourd'hui plus vive, plus fortement engagée que jamais; cette lutte néanmoins aura un terme : la victoire aura été reculée, mais elle n'est nullement douteuse; la nature des choses en a décidé : son arrêt est irrévocable.

Le gouvernement représentatif est le gouvernement de la lumière, le gouvernement de la raison.

Le gouvernement absolu est le gouvernement des ténèbres, le gouvernement de l'erreur.

L'erreur, une fois mise au jour, disparaît

pour ne jamais reparaître. La raison, repoussée aujourd'hui, ne perd rien de sa force; elle demeure ce qu'elle était : elle reparaîtra demain; elle reparaîtra dans les jours, dans les années qui suivront; elle reparaîtra, enfin, jusqu'à ce qu'elle soit reconnue, et qu'elle s'établisse pour toujours.

C'est cette pensée qui, dans les circonstances présentes, me détermine à m'occuper de quelques réflexions sur ces gouvernemens représentatifs, et sur un objet qui tient à leur essence, les *élections*.

Je me propose de n'émettre que des vues générales. Pour poser et développer des principes, tous les momens sont bons; pour en faire une application, il faut l'occasion favorable, le pouvoir suffisant. A défaut de l'un et de l'autre, je me bornerai à exposer quelques observations théoriques qui, quoique sans application immédiate, puissent cependant être utiles, lorsque l'attention sera ramenée sur des questions qui, déjà plusieurs fois agitées et long-temps débattues dans nos tribunes politiques, n'ont jamais été résolues de manière à ce qu'on se persuade qu'elles ne seront pas bientôt présentées de nouveau.

Du reste, ce n'est point à ceux qui, sans examen, rejettent toute idée de gouvernement représentatif ou constitutionnel, que je m'adresse : à leur égard, je ne puis que faire des voeux pour qu'ils sortent de leur aveuglement. Ce n'est point non plus à ces apôtres intrépides du pouvoir absolu, qui s'irritent d'entendre parler des droits du peuple : avec eux, il ne faudrait s'occuper que des moyens de river des fers; et moi, je ne veux consacrer ma vie qu'à la recherche de ce qui pourrait étendre davantage et assurer plus solidement la liberté et le bonheur de mes semblables. Quels sont donc ceux à qui je m'adresse? c'est à cette classe d'hommes de bonne foi et bien intentionnés qui, laissant flotter leurs idées incertaines, craignent de se ranger du côté des partisans du gouvernement représentatif, parce qu'ils regardent comme très-difficile, ou même comme impossible, que dans un État il existe un corps représentatif sans qu'il y ait danger imminent pour le maintien de l'ordre et pour la stabilité du gouvernement. C'est avec eux que, pour dissiper l'erreur dans laquelle ils sont à cet égard, et bannir toute crainte, je chercherai *ce que doit être la représentation d'un peuple.*

Mais, avant l'examen de cette grande question, je crois devoir faire observer que, quels que soient à mes yeux les avantages des gouvernemens représentatifs, je serais bien éloigné de vouloir étendre les pouvoirs de la représentation, jusqu'à lui attribuer le droit de refondre à volonté l'ordre social. Je l'ai dit en commençant : les sociétés sont formées ; il ne s'agit plus, dans mon opinion, que de chercher à introduire ce système de représentation de manière à ce qu'il conduise partout au perfectionnement de l'*ordre social établi.*

Le gouvernement despotique est de toutes les formes de gouvernement la seule qui ne soit pas compatible avec le système représentatif. La raison en est simple ; dans le gouvernement despotique, la puissance est toute entière dans la volonté du gouvernant, qui ne connaît point de bornes ; que pourraient alors faire des représentans ou mandataires des gouvernés, lorsque, pour ces gouvernés, il n'y a aucun droit à faire valoir, aucunes limites à faire respecter ?

Mais dans tous les gouvernemens modérés, dans tous ceux qui ne supposent pas que les gouvernés doivent être à la discrétion absolue des gouvernans, le système représentatif *sagement établi*, *franchement mis en usage*, fera le bonheur des uns et des autres.

C'est bien à tort que l'on a pu, par exemple, s'alarmer de l'introduction du système représentatif dans les gouvernemens monarchiques héréditaires. Rien au contraire de plus propre à les consolider.

En effet, dans le régime constitutionnel, le monarque a un pouvoir immense, un pouvoir que l'on peut même dire sans bornes, pour faire le bien ; il ne peut trouver de limites que dans les cas où les agens qu'il emploie l'entraîneraient vers le mal : et encore le mal, si malheureusement il résulte de quelques-unes des mesures de son gouvernement, ce n'est jamais à lui qu'il peut être imputé. Le système représentatif s'y oppose : il n'admet pas que l'on attribue au chef du pouvoir autre chose que le bien qui a été fait sous ses ordres.

Parlerai-je de l'hérédité, ou pour me servir du mot qu'on met un grand prix à lui substituer, de la légitimité? je dirai encore que le régime constitutionnel en est le rempart le plus assuré.

Le dogme politique de la légitimité n'est point du nombre de ces dogmes qui ne peuvent s'expliquer, et qu'il soit imprudent d'aborder.

Cette légitimité, ou l'hérédité du pouvoir suprême pour une famille marquée, dans un ordre de succession déterminé, est mise, par la plus grande partie des nations, au rang des choses sacrées. Pourquoi? parce que ce n'est pas dans l'intérêt de cette famille, mais bien plus dans l'intérêt de toutes les autres qu'elle existe; elle existe, cette légitimité, bien moins pour donner la sécurité de la possession à celui qui gouverne, et l'assurance de l'hérédité à ceux qui sont appelés à lui succéder, que pour fermer la porte à l'ambition et à la convoitise de tous les autres individus *nationaux et étrangers.*

Ah! sans doute, ce n'est pas dans les commencemens de la civilisation, dans les premiers essais des gouvernemens, qu'on s'est arrêté à consacrer ainsi l'hérédité du pouvoir suprême. L'on n'a dû songer d'abord qu'à placer toujours la puissance dans les mains du plus fort, du plus habile, de cclui qui, pour le moment, paraissait le plus propre à en bien user. Il a fallu tous les maux qu'accumulent sur les peuples les intrigues et les efforts de ceux qui prétendent à les gouverner : il a fallu cette dure épreuve pour les rendre capables d'une aussi grande résolution que celle qui, au lieu d'un choix, séduisant sous tant de rapports, leur a fait adopter le parti de courir par préférence toutes les chances que présente la nature, dans la génération successive des individus d'une famille.

Il est à observer d'ailleurs que, parmi les chances peu favorables que doit amener probablement le hasard de la naissance, le système constitutionnel offre aux nations des garanties qui ne sont point dans d'autres régimes de gouvernemens, puisque, dans le gouvernement représentatif, le monarque, s'il est inviolable et inattaquable, n'agit qu'avec un ministre qui peut toujours être attaqué, et qu'ainsi nul acte ne peut émaner de cette puissance, sans qu'il ait dû être examiné et pesé dans ses conséquences, par un homme qui sait qu'il en est responsable.

Ainsi, dans le système représentatif, rien qui ne soit propre à fortifier ce dogme fondamental des monarchies héréditaires, la légitimité, puisque cette forme de gouvernement atténue ce qui peut s'y trouver d'inconvéniens, et qu'elle en admet tous les avantages.

L'on pourrait s'étonner après cela de ce concert presque unanime des ministères européens, poursuivant sans relâche les gouvernemens constitutionels. Je n'ai pas l'intention de m'engager dans la recherche des motifs de cette conduite. Mais ce qui demeure évident pour tous ceux qui réfléchissent, c'est que ce zèle ardent des ministres n'agit point dans le véritable intérêt des monarques et de leurs familles, et qu'il peut conduire à de bien funestes catastrophes.

Avant de pénétrer dans le fond de la question, j'ajouterai une observation qui seule devrait suffire pour écarter ces imputations mille fois répétées dans les discours et dans les écrits de ceux qui font profession d'une haine implacable contre le système représentatif; ils ne veulent voir, dans les nations qui le préfèrent, qu'un esprit d'indépendance et d'insubordination, tendant à bouleverser tous les gouvernemens existans.

Pourquoi supposer des motifs aussi coupables, aussi affligeans pour l'humanité? Une explication toute naturelle se présente d'elle-même. Je me bornerai à la donner pour servir de réponse.

Les hommes du dix-neuvième siècle n'ont pas, comme on se plaît à les en accuser, la folle pensée de renverser leurs gouvernemens, et les bases de tout ordre social; ils ont laissé loin derrière eux de pareilles idées. Ils savent, qu'ayant comme n'ayant pas de représentation, il leur faut des chefs, et qu'à ces chefs il faut des ministres.

Mais, dans tous les temps, les chefs ont été, comme hommes, sujets à l'erreur: les ministres n'en ont point été exempts; ils n'ont point été non plus exempts de passions.

Or, dans tous les temps, quelles ont été

les victimes, soit de ces erreurs, soit de ces passions?

Toujours les gouvernés!! Que n'ont-ils point eu à souffrir pour des torts qui appartenaient entièrement aux gouvernans? On ne demandera pas que j'en expose le tableau; il serait trop étendu, trop affligeant.

Eh bien! à ce mal, que l'on peut attribuer à la faiblesse humaine, l'on n'y a vu long-temps d'autres remèdes que des remèdes extrêmes! c'est encore tout ce que connaissent les peuples ignorans et barbares.

Mais les peuples modernes plus civilisés, plus instruits, ont cherché bien mieux qu'un remède, ils ont voulu un préservatif; ils ont cru (et je pense qu'ils ne se sont pas trompés), ils ont cru, dis-je, le trouver dans ce système représentatif, qui leur procure l'avantage d'appeler eux-mêmes à délibérer sur les grands intérêts publics, les hommes reconnus dans une nation pour être éminemment intéressés à l'ordre et à la stabilité, et pour réunir à des lumières etendues un attachement non équivoque au bien général; ils ont cru pouvoir, par-là, prévenir (en grande partie au moins) les suites déplorables dans lesquelles ils ont été si souvent entraînés par les erreurs ou les passions de ceux qui les gouvernaient.

Voilà ce qui les a portés si vivement, et comme d'un commun accord, vers cette nouvelle forme de gouvernement.

Est-ce un crime de vouloir prévenir ce qu'aucun remède ne peut guérir? Est-ce un crime de vouloir détruire une des causes les plus ordinaires de ces grandes calamités, qui ont si souvent fait gémir des nations nombreuses, et dévaster des régions entières?

Lorsqu'un ami de l'humanité a cherché comment sur ce globe, depuis si long-temps le théâtre de tant de guerres, et par conséquent de tant d'horreurs, comment, dis-je, on pourrait y établir à jamais une paix universelle, on a qualifié son idée *de rêve d'un homme de bien*.

Cependant, que le système représentatif s'organise tel qu'il doit être, qu'il s'établisse généralement, et il aura pour effet incontestable de réaliser, je ne dis pas entièrement, mais au moins en grande partie, ce que l'on a rangé dans la classe des songes.

Ce n'est point là une supposition hasardée; ouvrez l'histoire! déroulez cette peinture affligeante des souffrances humaines! examinez les causes des guerres presque continuelles que les peuples se sont faites! considérez, avec des yeux dépouillés de toute prévention, pour quels intérêts ont coulé ces flots de sang, répandus de toutes parts avec un affreux acharnement! et dites si vous n'êtes pas forcés de reconnaître qu'avec des gouvernemens représentatifs la plupart de ces guerres n'auraient point eu lieu.

Cette seule considération suffirait pour justifier les motifs et encourager les efforts de tous ceux qui désirent voir étendre et consolider ce système.

Cependant je ne me dissimule pas que la

question de la formation et de la composition du corps électif d'un peuple, est aujourd'hui une des plus délicates qui puisse être traitée. Mais c'est pour moi un motif d'espérer que l'insuffisance de mes efforts trouvera son excuse dans l'importance de l'objet.

Cette grave question peut être envisagée sous deux rapports et divisée en deux parties.

On peut considérer d'abord ce qui concerne le corps entier qui représente un peuple, ensuite ce qui concerne ceux qui sont appelés à en être membres. Je suivrai cet ordre dans le développement des réflexions que je me propose de soumettre aux lecteurs, et je commencerai par examiner ce qui convient pour le corps des représentans.

CHAPITRE II.

Que la représentation d'un peuple doit sortir tout organisée de l'acte constitutionnel et être garantie contre toute innovation.

La formation et la composition du corps électif d'un peuple appartiennent à l'ordre constitutionnel.

C'est dans la constitution même que le pouvoir qui est formé par élection doit trouver tout ce qu'il faut pour lui donner la vie et l'action.

Ceci s'applique à tout gouvernement où il y a un corps électif, soit que ce corps jouisse seul de toute la puissance législative, soit qu'il ne fasse que participer à cette puissance.

La différence de la position détermine la différence des mesures constitutionnelles qui doivent être prises.

Dans le premier cas, c'est-à-dire, lorsque le corps électif possède seul la puissance législative, son pouvoir est toujours assez étendu, assez bien assuré. C'est même contre l'oppression qu'il pourrait venir à exercer, que la constitution doit chercher à donner des garanties aux citoyens.

Mais dans le second cas, c'est-à-dire, lorsqu'il n'est que participant à la puissance législative, il faut, autant que possible, qu'il soit constitué aussi solide dans son existence, aussi invariable dans sa formation, et sa composition, aussi assuré dans son action, que l'autre pouvoir ou les autres pouvoirs qui coopèrent avec lui à la confection des lois.

En thèse générale, tout ce qui peut dans le gouvernement représentatif influer d'une manière marquante sur le pouvoir électif, est éminemment constitutionnel. Car, du moment où quelque partie importante dans cette matière se trouvera livrée à la législation ordinaire, des changemens seront demandés : des changemens auront lieu; ils en appelleront de nouveaux; et jamais le moindre de ces changemens ne sera fait que ce ne soit au détriment de ce pouvoir resté mobile à côté de pouvoirs établis d'une manière plus fixe. Comment pourrait-il en être autrement ? la loi ne pouvant se faire qu'avec la coopération du pouvoir rival, ou des pouvoirs rivaux, s'il y en a deux, celui-ci, ou ceux-ci ne coopéreront jamais à un acte législatif qui donnerait de nouvelles forces au corps électif. La supposition ne peut pas même en être admise ; au lieu que l'on peut non-seulement supposer, mais regarder comme très-probable qu'un pouvoir permanent, toujours aux aguets sur les moyens d'agrandir sa puissance, y parviendra facilement lorsque les seuls obstacles qu'il ait à craindre, ne peuvent venir que d'un corps composé de membres périodiquement renouvelés ; en effet, dans cette position, combien de chances avantageuses s'offrent à ce pouvoir permanent : combien de momens favorables il peut saisir pour une innovation méditée et préparée par une conduite adroite, ou même amenée quelquefois par des événemens dont il saura s'emparer pour entraîner des hommes qui n'ont que des vues légitimes et des intentions louables.

Que l'on ne craigne donc jamais de trop faire pour garantir le pouvoir électif des attaques des pouvoirs associés avec lui dans l'exercice de la puissance de faire les lois. Car s'il y a possibilité pour ceux-ci d'arriver à une innovation, elle ne manquera jamais d'être tentée. Et quel sera le résultat de ces tentatives plus ou moins fréquentes ? Le résultat infaillible, le voici : l'existence de ce corps électif toujours précaire ; la puissance législative considérée dans son entier, toujours agitée, toujours livrée à des oscillations, qui ne permettront pas d'arriver à cette stabilité qui fait la tranquillité de l'État, de sorte qu'au lieu de jouir des avantages que peut procurer un gouvernement représentatif établi, on éprouvera les souffrances et les angoisses que produit le travail pénible d'une formation imparfaite. La conclusion de ce qui vient d'être dit sur cet article, c'est que l'on doit regarder comme l'une des premières conditions nécessaires au gouvernement représentatif, que la représentation sorte entièrement organisée de l'acte constitutionnel; et qu'elle soit garantie contre toute tentative d'innovation qui pourrait introduire, soit dans ses élémens, soit dans la manière dont ils se combinent, aucune variation importante.

CHAPITRE III.

Que le corps électif doit pouvoir, dans des circonstances données et à des époques déterminées, arriver à l'exercice de ses fonctions en vertu du seul *acte constitutionnel.*

Ce n'est point assez que la représentation sorte toute formée de l'acte constitutionnel; la constitution doit aussi lui imprimer le mouvement et l'action. En effet, s'il n'est aucun cas, s'il n'est aucune époque, où le corps électif d'un peuple puisse arriver à l'exercice de ses fonctions, sans être convoqué par un autre pouvoir, l'on peut dire encore qu'il n'existe pas réellement de gouvernement représentatif.

L'on pourra m'objecter qu'il doit suffire que, par la constitution même, le pouvoir qui reste actif, se trouve forcé, pour continuer son action, d'appeler ce pouvoir électif.

Je conviens que, dans ce concours nécessaire de l'un et l'autre pouvoir, il peut se trouver une espèce de digue opposée au pouvoir absolu, digue plus ou moins puissante, selon que ce concours est plus ou moins habilement combiné.

Mais, d'abord, on ne peut pas se dissimuler que dans les événemens possibles, et même trop faciles à prévoir, il s'en présente à la pensée plusieurs qui appellent d'eux-mêmes la présence et l'action immédiate du pouvoir qui représente un peuple. S'il arrive alors qu'il n'y ait pas sur-le-champ convocation de la part de celui ou ceux dans les mains desquels se trouvera l'autorité exécutive, le pouvoir électif viendra-t-il s'assembler de lui-même, et sans convocation légale ? mais une pareille réunion serait inconstitutionnelle. Ou bien laissera-t-il renverser le trône et la dynastie ? les représentans de la nation la verront-ils bouleverser, sans se présenter à l'instant du péril, et se montrer sur la brêche ? et cependant comment le pourraient-ils, sans sortir de la sphère dans laquelle ils sont circonscrits ?

Mais plaçons-nous dans une hypothèse qui se présente sous des couleurs moins rembrunies, et qui ne s'annonce par rien d'extraordinaire.

Dans tous les gouvernemens, l'autorité exécutive n'a-t-elle pas dans les mains les ressources de l'état, la disposition des deniers publics, etc.? des agens adroits ne sauront-ils point trouver le moyen de tenir des fonds en réserve? ne peuvent-ils pas en détourner momentanément de leur destination quelque partie assez considérable? Peut-on croire que pour eux ce soit une chose bien difficile de s'affranchir du besoin du pouvoir électif, pendant un espace de temps un peu plus long qu'il n'a été calculé? est-il même impossible qu'ils parviennent à s'en affranchir assez long-temps pour porter à ce corps électif absent, des coups funestes, et se mettre en état de l'écarter entièrement? le prétexte banal des oppresseurs des nations ne leur manquera pas : *la nécessité de sauver le peuple;* ils la proclameront : ceux qui doivent profiter avec eux du changement, exalteront de toutes parts le grand service qu'ils auront rendu à l'État. La vérité se taira, et des bouches timides ou serviles se feront seules entendre pour louer des hommes qui auront imposé à leur nation un joug, qu'elle ne secouera qu'avec de pénibles efforts et au milieu d'horribles convulsions.

Pour un gouvernement véritablement représentatif, la nature des choses veut que la réunion de la représentation nationale, non-seulement soit nécessaire pour la formation des lois et la concession des impôts, mais encore qu'elle arrive par la seule volonté de la constitution, qu'elle arrive nécessairement et inévitablement. Rejetez ces principes, et dès lors, pour mille cas différens, c'est ou le despotisme, ou l'anarchie qui se présentent avec leur affreux cortége.

On a pu croire long-temps qu'il ne fallait pas fouiller trop avant dans les fondemens de nos sociétés. Aujourd'hui le temps est venu où la raison humaine doit en sonder les profondeurs, pour en bien asseoir les bases. Je dirai plus, le temps est venu où les dynasties même qui depuis des siècles occupent les trônes de l'Europe, loin d'avoir à craindre cet examen de la raison, ne peuvent qu'y gagner infiniment, en retrouvant sur ces bases nouvelles de l'ordre social, une solidité que les bases anciennes leur refusent.

Les sociétés ont eu leur enfance; l'âge viril est arrivé pour elles. C'est le langage de la raison qu'il faut parler à des hommes : la raison se fera entendre sans effort.

Que si l'on veut fermer les yeux pour ne point voir, que si l'on veut écarter cette émanation divine, cette raison qui s'est avancée avec le temps, alors, toute cette grande force qu'elle a acquise, on la tournera contre soi; et des tentatives aussi funestes en définitive à ceux qui les feront, qu'à ceux contre qui elles pourraient être faites, tourmenteront encore long-temps des millions d'hommes pour lesquels une nouvelle ère de félicité devait commencer. Heureux, ah ! mille fois heureux, les peuples chez lesquels les gouvernans et les gouvernés sauront entendre cette voix de la raison, et la constituer leur arbitre commun, pour établir avec sagesse ces nombreux rapports, ces rapports importans, qui doivent les lier les uns aux autres, et fonder cette union franche qui serait pour tous la source des plus douces jouissances, et qui en assurerait la durée.

CHAPITRE IV.

Indépendance dans les délibérations et les discussions.

Je pourrais ajouter, comme une troisième condition, sans laquelle le corps électif qui représente un peuple, ne peut jamais remplir sa destination, je pourrais, dis-je, ajouter qu'un tel corps doit jouir de l'indépendance la plus entière dans ses délibérations; mais on ne manquerait pas de me dire qu'il n'est pas besoin de prouver ce que personne ne conteste. En effet, on n'a point encore manifesté de doute sur la nécessité de cette liberté entière dans les discussions, relativement aux objets qui y sont soumis, et l'on se garderait bien de l'attaquer directement. Mais sans attaquer de front, combien de moyens de nuire à cette précieuse liberté? Combien de manoeuvres ne peut-on point pratiquer dans une grande assemblée délibérante, pour faire sortir une décision toute différente de celle qu'amènerait une discussion franche et sans entraves? cependant (il ne faut pas craindre de le dire), toute attaque, même indirecte contre cette indépendance absolue dans les délibérations, de quelque part qu'elle vienne, est un attentat politique; et si elle part du corps représentatif, si c'est dans son sein que son indépendance trouve des ennemis, si c'est là que, par suite d'erreur ou de séduction, l'on cherche à étouffer la liberté de ses discussions, c'est un véritable suicide : le gouvernement représentatif n'existe plus, du moment où l'individu qui est chargé du mandat du peuple, a cessé de pouvoir discuter et voter en toute liberté.

CHAPITRE V.

Publicité des discussions pour le corps électif.

La publicité des séances dans lesquelles les motifs des lois sont discutés, est une chose absolument indispensable pour le pouvoir électif. Cette obligation résulte de la nature même de ce pouvoir. Les hommes choisis pour représentans, sont de véritables mandataires : tout mandataire est comptable envers ceux desquels il tient son mandat. Si donc la mission qui lui a été confiée et qu'il a librement acceptée, n'admet qu'une responsabilité morale, alors cette responsabilité en devient d'autant plus grande, elle doit être encore plus sacrée pour le mandataire. Or, je ne crois pas qu'il soit possible à une assemblée composée des élus de tout un peuple, de satisfaire à cette responsabilité, autrement que par la publicité de ses séances, publicité qui doit être telle qu'elle fournisse un moyen efficace pour faire passer chaque jour sous les yeux de ceux qui sont représentés, le tableau fidèle de la conduite politique de ceux qui les représentent.

L'on peut à la vérité se trouver forcé d'admettre quelque restriction, afin de se tenir en garde contre la publicité d'une communication ou d'une discussion qui présenterait quelque danger.

Qu'alors la séance devienne secrète; mais que les fidèles mandataires du peuple n'oublient jamais que ce comité secret est un remède duquel ils ne doivent user que bien rarement et bien sobrement, parce que, 1°. il contient en lui-même un principe délétère pour le gouvernement représentatif (on a prouvé que la publicité était de son essence); et que 2°. il ôterait infailliblement à ce mode de gouvernement un de ses plus puissans ressorts, un de ses moyens les plus précieux à conserver. En effet, d'où résulte le plus grand avantage des gouvernemens représentatifs ? Il résulte incontestablement de la confiance que prennent les citoyens dans des lois et dans des mesures importantes, dont les motifs sont développés par la discussion qui est mise sous les yeux de tous. Calculez l'effet que produit dans un État, quelle que soit son étendue, ces discussions publiques transmises simultanément dans tous les rangs de la société !

Me direz-vous que la publication du texte de la loi suffit pour faire connaître ses dispositions ? mais cette froide et sèche publication d'un texte souvent obscur, au moins pour un grand nombre, quel effet moral produit-elle sur les citoyens ? aucun ; au lieu que par la publicité donnée à la discussion de ses motifs, ils se trouvent déjà pénétrés de l'esprit de la loi, et disposés à s'y soumettre ; et, combien alors la mise à exécution ne devient-elle pas plus facile ? il y a donc pour les citoyens comme pour l'autorité tout à gagner avec la publicité de la discussion des lois, tout à perdre si l'on veut renfermer la délibération dans le secret.

Ne craignons pas de le répéter : tout ce que font, tout ce que disent les représentans ou mandataires d'un peuple, les représentés doivent pouvoir le connaître ; et, par une conséquence que l'on ne peut nier, tout ce que l'on fait, tout ce que l'on dit pour éteindre ou pour affaiblir la publicité des séances du corps électif, est toujours une atteinte portée au gouvernement représentatif dans un des points les plus essentiels.

Si je me borne aux considérations que je viens d'assigner comme nécessaires pour le corps électif dans un gouvernement constitutionnel, ce n'est pas que je croie avoir parcouru en entier la carrière dans laquelle je suis entré ; mais je sens qu'il faut laisser à d'autres l'avantage d'aller plus loin, et que déjà peut-être j'ai besoin, dans les circonstances où j'écris, de donner quelques explications qui puissent écarter toute interprétation défavorable.

Ce que je demande pour un corps électif qui représente une masse nationale dans le système constitutionnel, n'a point pour but d'affaiblir d'autres pouvoirs constitués, et notamment le pouvoir exécutif héréditaire.

Dans un gouvernement représentatif monarchique, je désire que ce pouvoir exécutif ait toute la force nécessaire pour remplir sa destination. Si pour cela des prérogatives étendues, des prérogatives importantes lui sont dévolues, je demeure convaincu qu'elles lui sont nécessaires, qu'elles sont pour l'avantage de tous et absolument dans l'intérêt national.

Déjà dans cet écrit j'ai fait connaître que la monarchie constitutionnelle me paraissait le choix de l'expérience et de la raison ; je n'hésite point en ce moment à déclarer que le gouvernement établi par notre charte, (lorsqu'il sera permis aux Français d'en jouir pleinement) m'a toujours paru éminemment propre à leur procurer tous les avantages que les hommes peuvent se promettre d'un état social bien organisé.

Ainsi je suis loin d'envier à d'autres peuples ce qu'ils espèrent des restrictions apposées aux prérogatives de leurs chefs comparativement à celles qui appartiennent au chef du gouvernement de la France. Je ne conteste pas à ceux qui considèrent les monarques, simplement comme les premiers fonctionnaires publics, comme les premiers sujets de la loi, je ne conteste pas, dis-je, que partout où le chef de l'État est assez heureux pour n'être pas absolu, il ne doive donner l'exemple du respect pour les lois, et pour la constitution du pays. Mais, dans les gouvernemens constitutionnels de nos monarchies héréditaires, le monarque se présente encore à ma pensée sous un rapport qui n'est pas moins vrai, et qui est plus propre à nous inspirer ces sentimens profondément respectueux, toujours dus au chef d'une nation.

Lorsque je considère un monarque constitutionnel agissant dans le cercle de ses attributions comme pouvoir chargé d'assurer la pleine et entière exécution des lois, c'est à mes yeux l'âme placée dans le corps social pour lui imprimer le mouvement. Si le monarque parle, s'il commande, il est l'organe de tous, il est à lui seul la représentation complète des hommes qui vivent sous son pouvoir; il est, pour ainsi dire, l'unité nationale, dans ce sens que, si vous considérez sa puissance dans l'intérieur, elle doit être, relativement à chacun des sujets, la force unie de tous les autres individus; si vous l'envisagez pour l'extérieur, elle doit être, relativement aux autres nations, l'agglomération de toutes les forces individuelles de ceux qui composent le peuple dont il est le chef.

Ainsi, que ce pouvoir ait toute la force dont il a besoin pour remplir sa destination; l'intérêt général le demande, plus encore que l'intérêt du monarque. Je me reprocherais toute idée, toute expression même qui pourrait paraître contraire à ce sentiment.

Mais c'est sous un autre rapport que, dans cet écrit, j'ai considéré le pouvoir monarchique constitutionnel : et lorsque je demande que le pouvoir électif appelé avec lui à la formation des lois, soit constitué entièrement indépendant de tout autre pouvoir politique, ce n'est pas pour ôter de la force au pouvoir exécutif, mais pour obtenir la solidité de l'un et de l'autre, la stabilité de tous les deux ; à côté d'un pouvoir fort, c'est un pouvoir fort qui peut seul convenir. L'équilibre ne s'établit point, si vous avez force d'un côté, et faiblesse de l'autre. Dans cette position, qu'arrive-t-il ? le fort cherche à réduire le faible à une impuissance absolue, au néant. Le faible, pour éviter de périr, s'agite violemment ; il fait mouvoir tous les ressorts qui sont en son pouvoir ; le trouble est dans l'État, l'inquiétude chez les citoyens, la paix et la sécurité dans aucun lieu, dans aucun poste, pas plus dans les châteaux que dans les chaumières, pas même plus sur le trône du monarque que dans la cabane du berger.

Tels doivent être les résultats d'un gouvernement dont les principaux organes ne sont point, à l'égard l'un de l'autre dans de justes rapports.

Cependant cette lutte, malheureusement fréquente et presque inévitable entre deux pouvoirs placés sur la même ligne pour la formation des lois qui doivent régir un pays, cette lutte, dis-je, peut devenir beaucoup plus rare et beaucoup moins dangereuse pour l'état, lorsqu'avec le pouvoir électif et le pouvoir exécutif permanent, il s'en trouve un troisième qui participe comme eux à la puissance législative. Une constitution dans laquelle il existe ce troisième pouvoir, repose sur une base infiniment plus solide, et par conséquent on peut espérer, pour le pays qui en jouit, beaucoup plus de stabilité et de tranquillité. Néanmoins le principe, posé plus haut, reste inattaquable, savoir, que, toutefois que plusieurs pouvoirs sont destinés à marcher ensemble, il faut qu'ils soient tous forts, tous solidement constitués, et qu'en conséquence, dans la supposition actuelle de l'existence de trois pouvoirs, il faut que chacun des trois soit assez robuste pour pouvoir résister même à une attaque combinée des deux autres.

Du reste, il sera toujours vrai de dire que, si un des pouvoirs politiques n'est pas doué de la force qui lui est nécessaire pour bien remplir les fonctions auxquelles il est destiné, non-seulement il n'atteint pas le but que l'on s'est proposé en l'instituant, mais qu'il devient encore une occasion de dangers qui se renouvellent continuellement pour l'état : ce qui ne s'applique pas seulement au pouvoir électif, mais à tous les grands pouvoirs constitués chez les peuples qui ont des gouvernemens représentatifs. Si je n'ai parlé ici que de ce qui doit appartenir au corps qui représente le peuple, c'est parce que j'ai résolu de me borner à ce seul objet, et que je serais entraîné trop loin, si j'entreprenais l'examen de ce qui convient pour chacun des autres pouvoirs.

Mais je ne sors pas du cercle que je me suis tracé, et je passe à la seconde partie, celle où je dois traiter ce qui concerne les hommes appelés à composer la représentation nationale.

CHAPITRE VI.

Importance du mode d'élection.

Comme je ne me suis proposé dans cet écrit que d'émettre quelques observations sur la théorie du gouvernement représentatif et des élections, je n'ai point à examiner les différens systèmes électoraux qui ont paru, ni à justifier la divergence de mon opinion : je la produis seulement, et je la soumets au jugement du lecteur.

Obéir aux lois actuelles, c'est un premier

devoir ; proposer ce que l'on croit capable d'améliorer la législation, c'est faire usage d'un droit qui appartient à tout citoyen : je pourrais ajouter que l'homme public peut y voir aussi pour lui-même une sorte d'obligation ; mais ici, tout ce que je désire en publiant mon opinion, c'est qu'elle puisse faire naître quelque pensée utile dans un temps ou dans un autre.

L'élection des représentans est le premier élément du gouvernement constitutionnel ; de là suit que, partout où cette forme de gouvernement sera admise, le mode d'élection des membres qui composent le corps électif, sera toujours un des objets les plus importans. En effet, ayez un système électoral établi sur des bases solides, et ensuite sagement combiné, vous verrez l'administration entière s'améliorer sensiblement, les bonnes institutions naître et se fortifier, en un mot, la prospérité générale s'accroître chaque année. Si, au contraire, un système électoral vicieux parvient à s'introduire, attendez-vous à voir les bonnes institutions s'affaiblir et même disparaître, pour faire place à d'autres institutions conçues et dirigées dans un sens tout contraire; attendez-vous à voir en même-temps l'administration devenir plus oppressive; enfin, attendez-vous à voir les inquiétudes s'emparer de tous les esprits; le malaise et le mécontentement s'étendre de toutes parts, et s'accroître chaque jour comme la misère des citoyens.

Le malheur d'une telle position est d'autant plus grand, qu'il tient au vice de l'organisation sociale, et que la cause du mal se trouve là où devrait se trouver le remède de tous les maux de l'état. Cependant je suis loin de penser que, même dans cette fâcheuse situation, il y ait lieu encore de désespérer du salut de la chose publique : mais je souhaite (et je le souhaite bien ardemment pour le peuple qui pourrait éprouver ce malheur), je souhaite, dis-je, que le remède soit toujours appliqué assez tôt pour pouvoir être efficace sans être violent.

Je me dispenserai de m'étendre davantage

sur l'importance du mode d'élection dans un gouvernement représentatif. C'est une vérité reconnue que le bonheur et le malheur d'un pays s'y trouvent attachés. D'après cela, où serait l'utilité d'écrire pour chercher à prouver ce que personne ne conteste? Mais il se trouve dans le sujet que je traite beaucoup d'autres points sur lesquels on est bien loin d'être d'accord. Ce sont ceux-là qui doivent être développés et discutés avec plus d'étendue; et, dans une matière naturellement aussi aride, c'est pour ces articles que je dois réclamer du lecteur une bienveillante attention.

CHAPITRE VII.

Quelle étendue doit être donnée au droit de voter pour la formation de la représentation, et quelles bornes doivent y être apposées ?

Le développement des lumières qui a fait germer dans les masses nationales cet ardent désir des gouvernemens représentatifs, les a heureusement rendues capables en même temps de sentir comment devaient se combiner les élémens d'une bonne représentation. Car, si d'un côté la raison leur dit qu'il est dans l'essence des choses qu'une représentation soit formée par le concours de tous ceux qui sont représentés ; d'un autre côté, cette même raison leur dit aussi qu'il est dans l'intérêt social que la faculté de représenter soit exercée par ceux-là seulement qui, sous le rapport des lumières et sous le rapport de la fortune, présentent à la société tout ce qu'elle doit demander à des personnes appelées à délibérer sur ses plus grands intérêts.

Cette double garantie doit être exigée toutes les fois qu'un citoyen est admis à exercer un droit politique ou une fonction publique. C'est une condition qui, dans une société formée, demeure tacite, mais qui n'en est pas moins la condition première de toute association humaine. Chaque associé renonce à tout ce qu'il ne pourrait faire sans nuire à autrui ou sans compromettre l'intérêt public; et ce n'est même que par une renonciation absolue dans ce sens que l'association des hommes devient possible. Mais que l'on fasse attention aussi que, par compensation de ce grand sacrifice, tout le reste de ses libertés, tout le reste de ses droits, l'homme devenant partie d'un corps social le conserve; et que même la société entière lui en garantit une plus libre et plus pleine jouissance.

Ainsi l'on voit sortir du principe fondamental de toute société, les règles qu'elle doit admettre pour les votes de chacun de ses membres, dans le système représentatif. En effet, que l'on descende dans le fond de ce système, et que, pour une hypothèse très-admissible, l'on imagine pour un instant une assez grande collection d'hommes, arrivant sur un même point du globe, et voulant se réunir en société : on les trouverait apportant tous autant de droits les uns que les autres ; on verrait là une égalité incontestable ; mais aussi la raison, qui seule peut fonder une réunion durable et permanente pour les êtres qui en sont doués, la raison leur dicterait un même langage. *Nous avons tous des droits égaux*, pourraient-ils dire, *mais, pour ne pas compromettre l'intérêt commun, il importe à tous que chacun de nous soit borné à ce qu'il sait faire, à ce qu'il peut faire.*

Voilà dès lors qu'au même moment où l'on reconnait le droit le plus étendu, on reconnait aussi la nécessité de prescrire des limites à son exercice ; et il demeure évident que la meilleure organisation électorale pour former la représentation d'un peuple, sera celle où l'on parviendra à mieux concilier ces deux principes, qu'il est également difficile de ne point admettre : *étendre le vote politique autant que possible ; donner à la société toute la garantie nécessaire à sa sûreté et à sa tranquillité.*

S'il s'agissait ici d'exposer un système représentatif complet, et d'introduire le choix des citoyens dans toute la distribution des fonctions publiques, j'aurais à développer les immenses avantages de ce beau système, où tous les membres du corps social verraient, dans les individus exerçant un pouvoir sur eux, des hommes qu'eux-mêmes ils auraient jugés dignes de leur confiance : mais je ne parlerai ici que de ceux qui sont appelés au plus haut degré de cette confiance de leurs concitoyens, à la participation de la puissance de faire les loix et de consentir les impôts. C'est pour eux que je voudrais pouvoir rassembler un tel faisceau de suffrages, que, par rapport à chacun des représentans, il fût possible de dire qu'il est l'homme du choix de tous les représentés : et si pour cela je demande d'étendre aussi loin que possible le droit de participer à la formation de la représentation, c'est que d'abord j'y vois un acte de justice rigoureuse, et qu'ensuite j'y vois encore un acte de la plus sage politique. Je vais développer cette pensée.

Le gouvernement le plus solide et le plus tranquille, le gouvernement où non-seulement le peuple, mais les gouvernans eux-mêmes pourront être également heureux, sera celui auquel un plus grand nombre des gouvernés sera le plus sincèrement et le plus fortement attaché : or, partout où l'État est trop étendu pour que tous puissent délibérer sur les grands intérêts nationaux, rien qui puisse intéresser davantage, rien qui soit plus capable d'attacher les hommes à leur gouvernement, comme d'exercer un vote qui ouvre à ceux de leurs concitoyens dans lesquels ils ont le plus de confiance, la voie de ces assemblées politiques auxquelles sont confiées ces délibérations importantes. C'est là que chacun sent qu'il est compté pour quelque chose ; c'est là que l'individu commence à unir sa pensée à la pensée commune ; c'est là qu'il devient l'homme de la cité, et qu'il s'habitue à voir que son intérêt particulier se trouve dans ce qui est du grand intérêt général : ce vote est comme le talisman du gouvernement représentatif ; son effet est certain ; il est incalculable pour la masse d'une nation, si l'on sait seulement l'employer de manière à ce qu'il n'en puisse résulter rien de nuisible ni de dangereux pour la société.

Ainsi la réponse à la double question énoncée au commencement de ce chapitre, est, qu'à l'égard des citoyens, le droit de vote dans la formation de la représentation nationale doit être reconnu appartenir à tous les hommes susceptibles d'émettre une volonté raisonnée, toutes fois qu'ils présentent des garanties suffisantes sous le rapport des lumières et de la fortune ; et qu'à l'égard de la société, elle peut et même elle doit refuser le vote, toutes fois que ces garanties ne lui sont pas données.

Maintenant quel est le système électoral qui donnerait au vote politique la plus grande étendue possible, et qui ne compromettrait pas la société?

Je produirai celui que je crois propre à atteindre ce double but; mais auparavant j'ai besoin de m'expliquer sur les élections directes et les élections indirectes, et surtout de réduire à leur juste valeur les objections que l'on a souvent entendues contre ces dernières.

CHAPITRE VIII.

Des élections directes et des élections indirectes.

Lorsqu'un peuple libre se trouve trop nombreux pour que les hommes qui le composent puissent délibérer tous ensemble sur la formation des lois de la société, il est forcé de recourir à cette forme de gouvernement que l'on a nommé représentatif, c'est-à-dire que cette population, trop considérable pour se réunir, choisit des mandataires qu'elle investit de ses pouvoirs. La réunion de ces mandataires forme la représentation de la masse nationale, et en son nom elle examine, elle discute les lois qui doivent régir l'État; elle consent les impôts qui doivent acquitter les dépenses.

Nulle difficulté pour l'élection de ces mandataires, si le peuple que nous avons supposé trop nombreux pour que les hommes qui le composent pussent délibérer tous ensemble, nulle difficulté, dis-je, si ce peuple ne comprend pas encore un nombre de citoyens assez grand pour mettre obstacle à ce qu'ils puissent tous choisir ensemble, et par un vote direct, une portion quelconque de citoyens qui stipuleront pour eux.

La difficulté ne serait point encore grande, si la population, quoique se trouvant trop forte pour admettre la possibilité d'un seul vote électoral commun, pouvait néanmoins permettre encore que l'on fît voter directement la totalité des citoyens, en formant un certain nombre de divisions, dont chacune aurait une quantité déterminée de représentans à nommer, proportionnellement au nombre des citoyens qu'elle contiendrait.

Dans ces deux cas, l'élection directe étant aussi le résultat du vote de la totalité des habitans d'un pays, nul doute qu'il ne fallût pas songer à des élections indirectes, ou de plusieurs degrés : car ces dernières, si bien combinées qu'elles puissent être, ne seront point exemptes d'inconvéniens.

Aussi je ne demanderai jamais si des élections directes valent mieux que des élections indirectes. Je ne ferais pas une question de la proposition que l'on établirait en ces termes.

Mais c'est dans le cas d'une population tellement considérable qu'il y ait impossibilité de faire voter directement tous les citoyens ensemble, ou même par divisions, c'est alors que je demanderai si un système d'élections directes et à un seul degré semble préférable à un autre système qui, pour étendre l'influence bienfaisante du gouvernement constitutionnel, admet plusieurs degrés de nominations et des élections indirectes. La question est là pour tous les peuples nombreux ; et je crois qu'elle n'est que là.

Or, dans ce cas, il est de toute évidence que des élections directes et à un seul degré entraînent nécessairement, pour l'immense majorité des citoyens, l'exclusion absolue de toute espèce de participation à la formation de la représentation nationale. Ce ne peut plus être qu'une fraction très-faible de la population qui exerce le droit de concourir à la nomination des représentans. Dès lors, pour vouloir sur ce point transporter dans une grande société un avantage qu'une petite seulement peut recueillir, on se prive d'un autre avantage inappréciable, celui de pouvoir attacher fortement tous les habitans d'un pays à leur gouvernement.

Maintenant, que l'on réfléchisse aux conséquences d'un système aussi exclusif, introduit chez un grand peuple pour la formation de sa représentation ; que l'on me dise ce que devient alors le droit le plus précieux pour l'homme en société, le seul droit qui lui fait sentir son existence comme membre du corps politique ? Où se trouve-t-il ? A peine un ou deux individus par cent sont appelés à en jouir ; les autres hommes, c'est-à-dire, les quatre-vingt-dix-huit ou quatre-vingt-dix-neuf centièmes de la population, on les en dépouille ; ils ne sont plus que des prolétaires, portant les charges publiques et subissant les lois du pays, sans y coopérer plus que s'ils étaient étrangers.

Voudrait-on alors qu'ils unissent fortement leurs intérêts particuliers à l'intérêt de la société ? S'aveuglerait-on au point de croire que des hommes qu'on place en dehors de la cité pourront avoir ces vifs et généreux sentimens qui appartiennent au citoyen, et qui n'appartiennent qu'à lui ? Ce sera beaucoup, si, dépouillés, comme je viens de le dire, du plus précieux de leurs droits, ils ne regardent pas comme ennemis ceux qui sont appelés à le posséder exclusivement.

L'exercice d'un droit commun, auquel chaque citoyen serait admis pour la part qu'il peut y prendre, les aurait rapprochés tous les uns des autres ; au lieu que, par ce système d'exclusion que vous formez avec l'élection directe, vous rompez violemment la chaîne sociale, et vous aliénez du gouvernement tous ceux qui se voient réduits au néant politique. Direz-vous qu'ils y seront insensibles ? Je suis loin de le penser, et j'ai meilleure opinion des hommes de notre siècle. Ils peuvent se déterminer à souffrir, mais non pas à s'avilir : et déjà ils seraient avilis, s'ils ne sentaient pas l'injustice de la privation à laquelle on les condamne.

Objectera-t-on que la nomination directe peut seule unir le représentant et le représenté comme ils doivent l'être?

Mais que l'on fasse attention aux conséquences de cette objection trop répétée et malheureusement trop accréditée! Si la proposition était vraie dans un sens absolu, la première conséquence à tirer serait que le gouvernement représentatif ne peut s'établir que dans un état où la population est assez bornée pour que tous les citoyens puissent voter directement; et qu'à l'égard des grands états, il faudrait renoncer à ce mode de gouvernement, si l'on ne voulait pas les scinder misérablement en petites divisions dénuées de consistance et de moyens de défense. Quant à ceux de ces grands États qui resteraient dans leur entier, ce serait nécessairement pour eux ou le despotisme d'un seul homme, ou le despotisme d'une aristocratie, qu'il faudrait se résoudre à subir.

Heureusement il n'en est point ainsi ; et quelle que soit l'autorité des publicistes que l'on cite à l'appui de cette opinion, cela se réduit à dire que l'élection directe donne une représentation plus sensible pour un certain nombre de représentés qui ont concouru à la nomination, parce que chacun d'eux peut voir, dans le corps électif, un membre qu'il a choisi lui-même.

Que l'on soutienne qu'alors ce représenté se trouve lié aussi étroitement qu'il puisse l'être avec son représentant, c'est une vérité que je n'ai ni la volonté ni le besoin de contester. Mais j'observerai d'abord que, dans le mode qui admet des nominations indirectes et graduelles, le lien qui unit les représentés et le représentant sera absolument le même à l'égard de tous les membres qui exerceront leur vote dans la dernière réunion, celle qui nommera les députés. J'observe ensuite que rien n'est plus facile que de combiner un système électoral à plusieurs degrés, de telle manière que dans ce degré supérieur il se trouve un nombre de votans égal à peu près au nombre total que l'on peut admettre dans un système d'élections qui n'a qu'un degré. Enfin je demanderai si, en supposant même que le nombre des votans pût se trouver un peu inférieur dans ce système d'élection à plusieurs degrés; je demanderai, dis-je, s'il ne lui reste pas encore un avantage inappréciable, à raison de l'étendue des rapports naturellement ouverts avec cette immensité d'autres votans indirects qui auront été appelés à une participation du droit qu'ont les représentés de former la représentation.

C'est ici que, pour juger lequel est préférable des deux modes d'élection que nous comparons, il faut examiner lequel sera le plus propre à conduire au résultat que l'on désire. Or, quel est ce résultat que l'on cherche à obtenir du système représentatif?

On veut une forme de gouvernement qui lie ceux qui sont appelés à faire les lois avec ceux pour qui elles sont faites. Or, les lois, pour qui sont-elles faites? pour l'universalité des citoyens. Donc il faut unir, autant que possible, à tous les autres citoyens celui que l'on appelle aux hautes fonctions de la législation; c'est là qu'il sera placé vis-à-vis de tous, dans la position où il doit être, et c'est là le moyen le plus sûr d'atteindre le but que l'on s'est proposé.

Observez encore que, dans le système constitutionnel, le pouvoir législatif, pris dans son entier, est au sommet de l'édifice social. Si donc celui qui parvient, par élection, à la participation de ce pouvoir, ne s'y trouve porté que par ceux-là seulement qui occupent les degrés les plus élevés, il n'y sera jamais accompagné ni soutenu par cette estime et cette confiance que pourrait espérer un citoyen élevé à ce poste éminent par les hommes de tous les rangs placés dans tous les degrés de l'ordre social.

Non, on ne fonde pas ainsi la représentation de la masse nationale d'une grande société. On fonde une oligarchie qui, un peu plus tôt ou un peu plus tard, fait sentir, au chef du gouvernement comme au peuple, que l'on a donné à la nation des maîtres et non des représentans.

Je le dis avec la plus intime conviction, vainement on s'épuise en combinaisons; on ne peut atteindre le but, lorsque l'on évite le chemin qui peut seul y conduire. Chercher pour un grand peuple une représentation qui ne soit l'ouvrage que d'un petit nombre de citoyens, c'est s'écarter absolument du système d'une vraie représentation. Pour avoir cette représentation d'une grande masse nationale, il faut que tout ce qui dans cette masse peut concourir à former cette représentation soit admis à y concourir. Il faut que partout pénètre l'élément constitutif du système de la représentation, c'est-à-dire, qu'il faut que les représentans appartiennent à tous les représentés par un choix quelconque : le lien sera plus ou moins étroit selon que le choix aura été plus ou moins direct; mais il faut en définitive que nul représentant ne soit entièrement détaché d'aucune portion de ceux qu'il représente ; il faut que la grande chaîne d'union ne soit pas interrompue, qu'elle attache tous les citoyens les uns aux autres, et tous ensemble à leur gouvernement. C'est à cette condition qu'est attachée la jouissance des bienfaits du gouvernement représentatif.

Je pose donc en principe que, dans tous les cas où les représentés sont en trop grand nombre pour pouvoir tous concourir à une élection directe de leurs représentans, on devra adopter un mode d'élection indirecte plutôt que de concentrer tous les droits électoraux dans un petit nombre de citoyens.

CHAPITRE IX.

Des candidatures.

Lorsque l'on s'est prononcé pour des élections à plusieurs degrés, une question nouvelle se présente :

Dans ce système, l'assemblée destinée à nommer les députés devant être précédée par d'autres réunions de citoyens qui seront admis à exercer un vote préliminaire, ces réunions auront-elles pour objet de nommer des candidats parmi lesquels devront être choisis ensuite les députés, ou bien de nommer des électeurs chargés d'élire les députés.

Je n'hésite point à rejeter les candidatures, et à préférer le second mode ; en voici les motifs.

1°. Dans le système des candidatures, la base que l'on pourrait vouloir prendre serait encore une base étroite ; et je pense que la base d'un système électoral ne peut jamais être trop large, parce que jamais on ne peut trop étendre un moyen aussi efficace que celui du vote politique, pour attacher les hommes à leur pays et à leurs lois. On ne doit s'arrêter que là où l'on ne trouve plus de garantie.

2°. Les réunions qui auront à désigner des candidats, auront trop souvent beaucoup de peine à se défendre de l'esprit de localité : dans les petites réunions, il est reconnu que les vues sont presque toujours trop étroites ; on s'y renferme trop dans le cercle que l'on a autour de soi ; au lieu que si vous réunissez les électeurs d'un département entier, sans qu'il ait été fait aucune désignation qui puisse gêner leurs suffrages, ils arrivent avec une pleine liberté pour les choix qu'ils ont à faire ; ils voient tous ensemble non pas quels sont les hommes que l'on désire dans tel ou tel coin du département, mais quels sont ceux que le département entier pourrait désirer, et dont il approuvera la nomination. Réunis en assemblée générale, ils se dépouillent plus facilement de l'esprit de localité, et ils sentent mieux que, pour une aussi haute mission, ce sont des hommes pour ainsi dire nationaux qu'il faut choisir.

Telles sont les considérations qui motivent de ma part le rejet des candidatures, et la préférence que je crois juste de donner à un système électoral dont les premières réunions auraient pour objet de désigner les électeurs.

CHAPITRE X.

Quel serait le système électoral dans lequel le vote politique serait le plus étendu, sans compromettre la tranquillité de l'état et la stabilité du gouvernement ?

J'AI pensé que, pour atteindre ce but, il fallait produire un mode d'élection facile à comprendre et facile à exécuter : voici comment je l'ai conçu.

Une nation n'est sur la terre qu'une grande famille qui se divise en des milliers de branches. Ces différentes branches sont les familles particulières. Si le nombre n'en était pas trop grand, c'est là que j'aurais posé la base du système représentatif, et j'aurais appelé au vote politique émis pour former la représentation de la grande famille un extrait de chacune de ces familles particulières : mais dans l'état actuel de nos sociétés, c'est la commune qui peut être prise pour l'unité politique, ou si vous voulez pour le point de départ du système représentatif.

C'est donc à elle que je demanderais un premier vote. Ce premier vote appartiendrait à tous les habitans de la commune âgés de vingt-un ans, jouissant de tous les droits civils, et payant une somme de six francs de contributions directes.

L'objet de ce vote serait de désigner parmi les habitans de la commune, un nombre de citoyens faisant la cinquantième partie de la population totale, lesquels auraient le titre de notables de la commune, et devraient, 1°. être âgés de vingt-cinq ans ; 2°. payer cinquante francs de contributions directes ; 3°. savoir lire et écrire.

Les notables communaux se rendraient tous, à un jour indiqué, au chef-lieu du canton, et là, comme mandataires de leurs communes respectives, ils procéderaient, en assemblée générale, à la nomination d'autant d'électeurs que le canton renferme de fois mille individus de tout sexe et de tout âge.

Les électeurs devraient, 1°. être âgés de trente ans; 2°. avoir leur domicile politique dans le canton; 3°. payer une somme de trois cents francs de contributions directes.

Enfin les électeurs nommés dans chacun des cantons se rendraient tous au jour et au lieu indiqués pour la réunion du collége électoral du département, à l'effet de procéder à la nomination des députés que le département aurait droit d'envoyer au corps législatif, dans la proportion d'un par cent mille âmes de population totale.

L'âge pour la capacité d'être élu à la députation serait porté à trente-cinq ans révolus, et le cens en contributions directes à la somme de mille francs.

Une disposition de la charte constitutionnelle des Français veut que, s'il ne se trouvait pas dans un département cinquante personnes de l'âge indiqué, et payant le cens prescrit pour être admis dans la chambre des députés, leur nombre soit complété par les plus imposés au-dessous de cette somme. Cette disposition est précieuse ; elle prouve que le législateur a senti la nécessité d'ouvrir aux électeurs un champ assez vaste pour qu'ils puissent toujours trouver à porter leurs choix sur des personnes qui leur en paraîtraient dignes. On pourrait étendre le salutaire effet qu'une aussi sage prévoyance doit produire, en adoptant quelque chose de semblable pour les nominations préliminaires indiquées dans le système électoral que je viens d'exposer ; c'est-à-dire que, pour qu'il y eût toujours matière à un choix assez étendu, l'on pourrait dire que si, lors des nominations à faire, soit dans une commune, soit dans un canton, le nombre de personnes ayant l'âge indiqué, et payant le cens prescrit, n'était pas au moins quadruple du nombre de notables ou d'électeurs à nommer, on ajouterait alors à leurs noms ceux des contribuables qui sont après eux les plus imposés, lesquels pourraient être nommés comme eux.

Ce système électoral m'a paru remplir les deux principales conditions jugées nécessaires et indiquées dans les chapitres précédens, savoir : 1°. de présenter pour les citoyens un vote aussi étendu qu'il puisse l'être, et pour la société une garantie aussi complète qu'elle puisse le désirer.

En effet, ce mode d'élection repose sur une base qui est incontestablement la plus large qu'il soit possible de prendre, puisqu'il fait participer à la formation du corps représentatif d'une nation la totalité des citoyens qui la composent, c'est-à-dire, tous ceux qui sont susceptibles d'avoir une volonté raisonnée et qui ont intérêt au maintien de l'ordre (1).

(1) J'ai exprimé en francs la quotité du cens à demander, parce que la chose est plus claire et plus fixe ; cependant cette quotité du cens pourrait être déterminée d'une autre manière qui aurait aussi son avantage : ce serait de dire, au lieu de telle somme fixée en francs, qu'il faudrait une somme équivalente

2°. Partout il fournit à la société les garantie qu'elles a besoin d'avoir; il demande peu à celui qui peut moins compromettre son intérêt; il demande plus à celui dont les écarts le compromettraient davantage. Pour vous en convaincre pleinement, suivez pas à pas la marche de ce système.

Dans le premier degré, c'est-à-dire, dans la commune, le vote appartiendra au citoyen âgé de vingt et un ans, et payant seulement une contribution directe de cinq journées de travail. Les deux garanties de l'âge et du cens paraissent faibles, et l'on

---

au montant du prix de tant de journées de travail, estimées au taux fixé pour chaque localité ; en sorte que, dans les départemens où il y a plus de richesse, le cens prescrit s'élèverait à une somme plus forte, le prix de la journée de travail devant naturellement se trouver plus élevé ; et qu'il serait bien inférieur dans les départemens pauvres, attendu que ce prix doit s'y trouver plus modique : mais c'est une pensée que je livre aux réflexions du lecteur.

peut encore objecter qu'il pourra alors se trouver des hommes ayant peu de connaissances. Je dois en convenir : mais si les garanties sont faibles, et si les connaissances sont bornées, elles seront toujours suffisantes pour pouvoir satisfaire à ce qu'on attend de l'individu dont on reçoit le vote.

Que lui demande-t-on ? de désigner dans sa commune quels sont les hommes qu'il croit les plus sages, les plus éclairés. Peu d'individus pourront s'égarer dans un sentier aussi étroit et aussi clairement tracé, et ils le pourront d'autant moins qu'ils seront astreints à porter leur choix sur les noms inscrits dans une liste qu'ils auront sous les yeux, et qui contiendra les noms des habitans les plus imposés, c'est-à-dire, les noms des individus dans lesquels on doit espérer trouver des connaissances plus étendues et un intérêt non équivoque au maintien de l'ordre.

Dans le second degré, au moyen de cette nomination préliminaire par laquelle vous avez extrait de chaque commune les hommes que leurs concitoyens ont jugé les plus dignes d'être leurs mandataires, vous acquérez la certitude que les réunions cantonnales seront paisibles, et qu'elles seront composées de personnes à portée de connaître parfaitement quels sont les citoyens qui méritent la confiance du canton, pour aller remplir les importantes fonctions d'électeurs. Si l'on voit qu'ici les choix sont d'un bien plus grand intérêt, on reconnaît en même temps que les garanties demandées suivent la même progession : le projet exige un âge plus avancé, un cens plus élevé.

Enfin, dans le troisième degré, nous arrivons à des choix beaucoup plus importans encore; mais aussi combien les garanties exigées sont-elles encore plus grandes, soit à l'égard de ceux qui sont appelés à faire un choix, soit à l'égard des personnes sur lesquelles ils peuvent le porter! Quant aux électeurs qui voteront, ce ne peut plus être que des hommes âgés de trente ans et payant une contribution directe équivalente au montant de trois cents journées de travail ; et ces hommes arrivent en même temps de tous les cantons du département, apportant tous une preuve authentique de la confiance des citoyens qui les connaissent le mieux. Que de motifs pour rassurer d'avance sur les nominations qu'ils auront à faire !

Cependant leurs choix sont encore circonscrits. Je leur demande de ne les porter que sur des personnes arrivées à un âge d'une maturité complète, et à une fortune assez élevée pour assurer à l'homme sage une existence indépendante.

Que l'on se garde bien de confondre ce que je propose ici avec le premier mode d'élection qu'a eu la France. A la vérité, j'ai conservé la base sur laquelle ce système électoral était posé. Cette base m'a paru la plus large et la plus solide qu'il fût possible de prendre : elle est grande dans sa conception, comme tout ce qui émanait des premiers représentans du peuple français : et j'avoue que plus on réfléchit sur la nature du gouvernement représentatif, plus il devient difficile de ne point partager cette première pensée ; savoir : que tous les citoyens d'un pays doivent participer à la formation d'une assemblée qui est chargée des intérêts de tous.

Mais, témoin moi-même des excès déplorables sur lesquels on a eu ensuite à gémir, et dont on a cru pouvoir accuser ce mode d'élection, quand bien même je ne partagerais pas cette opinion, je me croirais encore obligé d'écarter avec la plus grande attention tout ce que j'ai entendu blâmer dans un système, duquel celui que je propose paraît beaucoup se rapprocher.

Deux causes principales ont été signalées; on a reproché à ce mode d'élections,

1°. Des assemblées primaires trop nombreuses et tumultueuses.

2°. Des personnes admises à représenter le

peuple français, sans lui donner de garanties.

Rien de semblable dans ce que je présente.

D'abord, ces assemblées primaires, accusées d'être trop nombreuses et tumultueuses, elles sont ici remplacées par des réunions cantonnales qui ne pourront être composées que d'un dixième environ de ceux qui avaient droit d'aller voter dans les assemblés primaires : et encore, ce dixième sera la partie des habitans de chaque commune, que l'on ne peut s'empêcher de reconnaître comme la plus intéressée au maintien de l'ordre.

2°. Dans le mode d'élections de l'assemblée constituante, aucune garantie n'était demandée à des hommes que l'on investissait du pouvoir de délibérer sur les plus grands intérêts de l'État.

Ici, au contraire, il y a garantie exigée, non-seulement de la part de ceux qui arriveront au corps représentatif, mais encore de tous ceux qui, indirectement comme directement, concourent à les y porter.

Pour me résumer sur le système électoral que j'ai exposé dans ce chapitre,

1°. Il appelle tous les citoyens de l'État à la jouissance du vote politique, et il les attache tous à leur gouvernement.

2°. Partout il donne à la société, relativement aux différens votes que ses membres peuvent être appelés à exercer, toutes les garanties dont elle a besoin.

3°. Il s'organise sans effort comme sans confusion : les réunions politiques qui en découlent sont généralement assez nombreuses, et presque aucune ne l'est trop. La capitale et quelques autres de nos villes les plus populeuses, pourraient seules exiger quelques divisions.

Partout une égale quantité de population, donne une égale quantité de notables, une égale quantité d'électeurs, une égale quantité de députés ; tout marche avec uniformité, tout marche avec facilité.

Les résultats se connaissent au premier aperçu ; car, si l'on en faisait l'application à un État que nous supposerons peuplé de trente millions d'habitans, l'on trouverait :

Six millions de citoyens votant dans les communes, pour élire des notables communaux.

Six cent mille notables, votant dans leurs cantons, pour nommer des électeurs ;

Et, enfin, trente mille électeurs, votant dans les colléges électoraux pour nommer trois cents députés.

Je dois m'attendre à deux objections opposées ; la première, que je livre la source des élections à une multitude qui n'offre pas une garantie suffisante à la société ; la seconde, que je confie peut-être cette précieuse source à l'influence de l'aristocratie.

D'abord, je crois connaître assez bien quel est l'esprit des habitans des campagnes, qui forment les neuf dixièmes de la population de la France : j'en fais partie, et ma vie n'a pas été dénuée d'observations. Or, je crois pouvoir assurer que l'on trouve presque généralement, chez ces hommes, qui vivent plus près de la nature et toujours occupés, beaucoup de jugement, beaucoup de moralité; je crois pouvoir assurer que leurs suffrages se porteront, dans l'immense majorité des communes, sur les habitans les plus recommandables par leurs mœurs, par leur bienfaisance, par leurs lumières.

Quant à l'influence de l'aristocratie, si elle en conserve, c'est qu'elle fera un bon usage de ce qui peut lui en rester encore : alors, son influence serait juste, elle serait salutaire.

En effet, du moment où les personnes que l'on désigne comme appartenantes à l'aristocratie, présenteraient les mêmes titres qui peuvent recommander les autres citoyens, la même influence leur serait légitimement acquise : elle s'établirait par la force irrésistible de la stricte justice; et l'on verrait cesser cette division qui compromet la tranquillité de l'État et qui afflige les vrais amis de leur pays.

CHAPITRE XI.

Présidence des assemblées communales, cantonnales et départementales.

Je parlerai seulement de la présidence des réunions indiquées dans le chapitre précédent ; je laisse tous les autres détails d'exécution. L'objet que je me suis proposé dans cet écrit, ne demande pas que je m'en occupe.

Je ferai seulement une observation à cet égard : c'est que les moyens d'exécution de ce mode d'élections doivent être combinés de manière à ne pas contrarier le fond du système; et, pour cela, il est nécessaire que les hommes attachés aux vrais principes portent un œil attentif sur ces mesures, lorsqu'elles sont proposées ; il est généralement reconnu que le point auquel il faut s'attacher principalement, c'est d'écarter les agens du pouvoir exécutif, partout où il est possible d'éviter qu'ils soient employés. Leur intervention est toujours dangereuse lorsqu'il s'agit d'élections : et souvent elle est funeste.

Je reviendrai sur cette observation ; je vais en ce moment en proposer quelques autres qui concernent particulièrement la présidence de ces trois assemblées, dans lesquelles les citoyens sont appelés à exercer leurs votes politiques.

Comme, dans toutes ces réunions, il ne s'agit que d'émettre des votes, et qu'il ne doit jamais y avoir de délibérations à prendre, les magistratures locales suffiraient dans les premiers degrés ; ainsi le maire d'une commune est naturellement appelé à présider l'assemblée dans laquelle seraient nommés les notables, et son secrétaire à en rédiger le procès verbal.

Le juge de paix d'un canton ainsi que son greffier, étant tous deux des hommes qui appartiennent à toutes les communes du canton, ils paraissent également pouvoir être désignés, l'un pour président, l'autre pour secrétaire de l'assemblée cantonnale. (Je ferai observer au lecteur que je suppose ici que les citoyens ne resteront pas étrangers comme ils le sont, à la nomination de ces magistratures locales).

Quant à la présidence du collége électoral du département, je m'arrête : et comme la charte constitutionnelle des Français attribue au chef du gouvernement la nomination de cette présidence, je vais donner d'abord le texte de l'article 41, rappeler ensuite ce que j'en ai dit en 1817, et y joindre quelques réflexions nouvelles.

Article 41 de la charte, *les présidens des colléges électoraux seront nommés par le roi, et de droit membres du collége.*

Sur cet article, je disais en janvier 1817 ce qui suit :

« La disposition de cet article ne nuit point » à l'indépendance des élections, si les ci- » toyens nommés pour présider les colléges » électoraux ne viennent rien demander

» au collége électoral qu'ils président : mais » si, au contraire, l'on voit arriver des » hommes qui paraissent être placés là en » évidence, pour les recommander d'une » manière spéciale et authentique aux suf- » frages des électeurs, alors il est hors de » doute que la nomination des présidens » faite par le gouvernement devient nuisi- » ble à l'indépendance des élections ; et » même, dans le cas où le nombre des pré- » sidens ainsi nommés, se trouverait consi- » dérable, cette nomination faite par les » agens de la couronne, serait, je ne dis » pas un mode préjudiciable à l'indépen- » dance des élections, mais un mode des- » tructif de toute liberté. »

Je voudrais pouvoir dire que ma conjecture ne s'est point réalisée ; mais au contraire, s'il y a eu erreur de ma part, c'est que je n'avais pas encore bien calculé avec quelle rapidité cet abus marcherait et jusqu'où il pourrait être porté. C'est une assez forte preuve qu'il ne faut laisser au pouvoir exécutif aucune voie pour entrer dans le champ des élections. Ce champ est la propriété de la masse nationale ; c'est son refuge contre l'oppression du pouvoir, qui existe pour le protéger par l'exécution des lois, mais qui souvent abuse de la puissance dont il est dépositaire ; gardez-vous donc de laisser attaquer ce refuge si vous voulez ne pas voir détruire vos droits et vos libertés.

Il n'y a point à craindre qu'ici la charte soit compromise ; elle veut que le roi nomme les présidens des colléges électoraux, mais elle ne veut pas que l'on fasse de cette nomination une arme meurtrière, qui serve à détruire tout ce qu'elle est destinée à conserver. L'article de la charte ne sera que mieux exécuté en nommant des présidens qui ne puissent point prétendre à être nommés députés dans le collége qu'ils président.

Ces sortes de candidatures (car c'est ainsi qu'on les a souvent désignées) me paraissent inconvenantes, soit qu'on les considère par rapport aux personnes que le gouvernement veut présenter, soit qu'on les considère par rapport au monarque, au nom duquel on fait cette présentation.

D'abord, pour celui que le gouvernement présente, qui ne voit l'inconvenance qu'il y a de faire présider une assemblée par un homme que l'on soumet au jugement de ceux qu'il préside? observez ici la situation dans laquelle se trouve ce président, candidat offert pour la députation.

Le président d'une grande assemblée politique, nommé par le roi, ne doit paraître qu'entouré de toute la considération due à un commissaire chargé d'une haute mission.

Le candidat qui se présente à une assemblée est un homme qui vient demander si on veut l'agréer. Quoi qu'il soit sur le fauteuil, comment y figure-t-il? comme un individu qui est devant des hommes qui ont pouvoir et mission pour le juger. On procède au dépouillement du scrutin fatal; il développe les bulletins avec une anxiété peinte dans les traits de son visage. Sur tous ceux de ces bulletins qui ne portent pas son nom, il lit sa condamnation ; enfin le dépouillement est terminé : il n'a pas la majorité : il proclame le triomphe de ses concurrens, c'est-à-dire, qu'il déclare lui-même que l'assemblée électorale n'a point voulu de lui pour député du département. Que l'on me dise si ce rôle convient à un commissaire du roi ?

J'ai ajouté que cette candidature n'était pas moins inconvenante, si on la considérait par rapport au monarque, au nom duquel on fait cette présentation. J'avoue que la première fois que j'ai entendu ces deux mots *candidat du roi*, leur assemblage m'a surpris, et m'a paru une incohérence d'idées.

En effet, que, dans une société, l'on soumette à celui qui est chargé des intérêts de tous, à celui qui dans tous les actes agit au nom de tous et pour tous, qu'on lui soumette, dis-je, des choix faits par des sections de la société, il n'y a rien là qui ne soit conforme à la raison, comme aux idées monarchiques. Mais que cette majesté royale, qui est la majesté de toute la nation, soumette son choix au bon plaisir d'un collége électoral qui ne représente qu'une petite portion de la nation, c'est aller contre tous les principes d'une monarchie. Il me répugne que le monarque paraisse comme faisant choix d'un individu, et que l'on aille demander si ce choix convient. Considérons la chose telle qu'elle est. Dans ce candidat ministériel, offert au nom du monarque, lorsqu'il se trouve ensuite n'être pas nommé par le collége électoral, je vois d'un côté le monarque qui dit : « Voici l'homme qui me paraît convenable ; » et de l'autre côté je vois le collége électoral qui répond : « Cet homme ne nous convient pas. »

Cette seconde inconvenance ne peut échapper à aucun de ceux qui voudront y réfléchir. Si l'on est tombé dans cette faute, c'est que l'on n'est point encore assez familier avec les principes du gouvernement représentatif, et qu'en voulant porter l'influence du pouvoir exécutif là où elle ne doit pas aller, l'on n'a point assez senti les conséquences des refus auxquels on exposerait celui qui jamais ne doit rien demander qu'au nom de la loi dont il est l'organe.

CHAPITRE XII.

Qu'une véritable représentation peut seule procurer à un peuple les avantages du gouvernement représentatif, et que les élections libres peuvent seules produire cette véritable représentation.

Les avantages du gouvernement représentatif résultent de ce que les lois sont faites dans l'intérêt de tous, et que c'est aussi dans cet intérêt de tous que le gouvernement se trouve dans l'obligation de marcher.

Or, pour que les lois soient faites dans l'intérêt de tous, comment doit être composée la représentation? Voici mon opinion à cet égard.

Le corps électif, qui représente un peuple, est destiné à statuer pour lui ce qu'il statuerait lui-même sur chaque objet soumis à sa délibération, si la délibération de tout un peuple était possible. Il en résulte que ce corps électif doit être formé et organisé de manière qu'il y ait la plus grande probabilité possible que les représentans qui le composent voudront tous ou voudront en majorité ce que voudraient tous les représentés, ou du moins la majorité d'entre eux.

Maintenant cette masse de représentés, veut avoir des mandataires éminemment propres à statuer pour elle ce qu'elle statuerait elle-même ; or, quel autre moyen d'y parvenir que de faire choix d'hommes qui aient les mêmes intérêts qu'elle, et qui soient guidés par les mêmes vues? Je n'en vois aucun : car il est évident que ce n'est qu'ainsi qu'elle peut être véritablement représentée ; toute autre représentation serait mensongère et ne conduirait pas au but. Les hommes qui, voyant l'avantage général d'un côté et leur avantage particulier de l'autre, n'hésitent pas à se prononcer pour ce qui fera le bien commun ; ces hommes sont des exceptions honorables pour l'humanité. C'est pour nous une jouissance d'en pouvoir compter plusieurs, et la France peut là-dessus citer avec orgueil les noms glorieux d'un assez grand nombre de privilégiés de l'ancien régime, votant eux-mêmes sur l'autel de la patrie l'abolition des priviléges dont ils jouissaient.

Cependant qui voudrait soutenir qu'il faut composer une assemblée de privilégiés, pour délibérer sur l'abolition des priviléges? Non, il faut payer le tribut à la faiblesse humaine; ce qui n'est pas naturel ne peut pas être commun; il est beau d'avoir ce dévouement, il serait imprudent d'en faire la base d'un calcul; d'ailleurs, les hommes qui ont ce noble caractère seront toujours appréciés; et, comme ils font exception, l'on saura toujours faire exception pour eux.

Mais, comme il est reconnu que l'on ne doit pas mettre un homme en opposition avec ses intérêts, il faut admettre également que l'on doit éviter d'avoir pour mandataire du peuple des personnes qui sont dans des opinions particulières, et qui peuvent vouloir toute autre chose que ce que veut la masse nationale.

Comment trouver ces représentans qui auront les mêmes intérêts et les mêmes désirs que la masse des représentés ?

Par des élections libres et indépendantes dans tous les degrés de réunions politiques.

Nul autre moyen n'existe ; car, si les votes de ceux qui concourent à former la représentation nationale ne sont point parfaitement libres, s'ils sont influencés, la même influence qui aura agi sur les électeurs, agira plus fortement encore sur les élus, et elle dirigera à son gré toutes les délibérations du corps électif ; alors il y aura une représentation nominale, mais non une véritable représentation.

L'on a prétendu, lors des discussions sur les différens systèmes électoraux (et même de bons esprits ont paru donner une sorte d'assentiment à cette proposition), l'on a prétendu, dis-je, qu'une certaine influence dans les élections, de la part du gouvernement, était utile et pour ainsi dire nécessaire.

Je n'ai pu en aucun temps partager cette opinion, et j'avoue qu'aujourd'hui, après y avoir réfléchi, j'en suis plus éloigné que jamais. Je demeure intimement convaincu que, plus on donne au gouvernement d'influence dans les élections, plus on nuit au système représentatif; et que si l'on réussissait à écarter entièrement les agens de l'autorité, de tout ce qui tient aux élections, l'on recueillerait promptement du gouvernement constitutionnel les avantages les plus précieux; car, chacun des pouvoirs devenant alors ce qu'il doit être, l'on aurait la stabilité et la tranquillité, deux choses que l'on désire généralement, et qui ne peuvent exister qu'au moyen d'un équilibre bien établi.

Du moment, au contraire, où l'influence de l'autorité paraît dans les élections, elle entraîne la balance de son côté : le pouvoir électif n'est plus ce qu'il doit être, et le gouvernement représentatif perd tous ses avantages. Le corps qui représente la masse du peuple est alors dans l'État, comme une machine fiscale, une pompe aspirante à l'aide de laquelle le gouvernement obtient facilement des subsides qu'il peut étendre à son gré.

J'ai dit plus haut que l'influence du gouvernement introduite dans les élections était non-seulement dangereuse, mais *funeste* au gouvernement constitutionnel. La raison pour laquelle j'emploie le mot *funeste*, c'est que l'autorité ministérielle, lorsqu'elle a pénétré le sanctuaire des élections, n'a plus de barrière qui puisse l'arrêter dans ses attaques contre les droits des citoyens. La liberté reste sans défense, les hommes qui devraient être ses soutiens, appartenant aux ministres.

Le gouvernement (et par ce mot j'entends les agens de la couronne), le gouvernement, dis-je, une fois devenu maître des élections, on ne devrait plus dire qu'il y a une constitution ; car, si le pouvoir exécutif laisse encore quelques formes du gouvernement représentatif, c'est qu'il lui convient d'avoir cette enseigne ; mais alors il met la représentation, ou autrement dit le pouvoir électif, dans un état pire que le néant, un état de faiblesse tel que dans son intérêt il juge plus commode de le conserver que de faire cesser son existence.

Lorsque j'ai commencé cet écrit, je ne me suis pas dissimulé à moi-même que j'entamais un sujet difficile dans tous les temps, et plus particulièrement dans les circonstances où nous nous trouvons. Ce qui a pu me déterminer à publier quelques observations, c'est la persuasion où je suis que de toutes parts l'on n'a que de louables intentions, et que l'on s'entendrait mieux si l'on parvenait à pouvoir s'expliquer avec calme, comme avec franchise.

Je suis entré dans quelques développemens sur les causes qui ont amené de grands changemens dans les gouvernemens.

J'ai sondé quelques parties des institutions nouvelles. J'ai essayé d'indiquer quelques perfectionnemens ; mais je n'en suis pas moins soumis religieusement à ce qui existe dans mon pays, et j'ai même le bonheur d'être attaché par goût aux choses principales.

Du reste, je sens mieux que jamais toute l'importance et toute l'étendue d'une matière que je n'ai pu qu'effleurer ; mais j'espère que mes faibles efforts seront secondés par quelques-uns de ces écrivains profonds et exercés dont le nom seul recommande les écrits.

Le gouvernement constitutionnel, le gouvernement représentatif est méconnu ; il est calomnié ! il est menacé ! il faut répondre en le faisant connaître, en le montrant tel qu'il est : c'est la cause de la France, c'est la cause des peuples, c'est aussi celle des rois ; et il est encore vrai de dire que c'est celle de l'humanité.

FIN.

www.ingramcontent.com/pod-product-compliance
Lightning Source LLC
LaVergne TN
LVHW020345230826
846091LV00003B/999